BEI GRIN MACHT SICH IHR WISSEN BEZAHLT

- Wir veröffentlichen Ihre Hausarbeit, Bachelor- und Masterarbeit

- Ihr eigenes eBook und Buch - weltweit in allen wichtigen Shops

- Verdienen Sie an jedem Verkauf

Jetzt bei www.GRIN.com hochladen und kostenlos publizieren

Linda Weidner

Zu: Montesquieu "Vom Geist der Gesetze" - Die Aufteilung in drei Staatsformen

GRIN Verlag

Bibliografische Information der Deutschen Nationalbibliothek:

Die Deutsche Bibliothek verzeichnet diese Publikation in der Deutschen Nationalbibliografie; detaillierte bibliografische Daten sind im Internet über http://dnb.d-nb.de/ abrufbar.

Dieses Werk sowie alle darin enthaltenen einzelnen Beiträge und Abbildungen sind urheberrechtlich geschützt. Jede Verwertung, die nicht ausdrücklich vom Urheberrechtsschutz zugelassen ist, bedarf der vorherigen Zustimmung des Verlages. Das gilt insbesondere für Vervielfältigungen, Bearbeitungen, Übersetzungen, Mikroverfilmungen, Auswertungen durch Datenbanken und für die Einspeicherung und Verarbeitung in elektronische Systeme. Alle Rechte, auch die des auszugsweisen Nachdrucks, der fotomechanischen Wiedergabe (einschließlich Mikrokopie) sowie der Auswertung durch Datenbanken oder ähnliche Einrichtungen, vorbehalten.

Impressum:

Copyright © 2006 GRIN Verlag GmbH
Druck und Bindung: Books on Demand GmbH, Norderstedt Germany
ISBN: 978-3-638-93887-7

Dieses Buch bei GRIN:

http://www.grin.com/de/e-book/64814/zu-montesquieu-vom-geist-der-gesetze-die-aufteilung-in-drei-staatsformen

GRIN - Your knowledge has value

Der GRIN Verlag publiziert seit 1998 wissenschaftliche Arbeiten von Studenten, Hochschullehrern und anderen Akademikern als eBook und gedrucktes Buch. Die Verlagswebsite www.grin.com ist die ideale Plattform zur Veröffentlichung von Hausarbeiten, Abschlussarbeiten, wissenschaftlichen Aufsätzen, Dissertationen und Fachbüchern.

Besuchen Sie uns im Internet:

http://www.grin.com/

http://www.facebook.com/grincom

http://www.twitter.com/grin_com

Universität Koblenz-Landau, Campus Landau
Fachbereich 6: Kultur- und Sozialwissenschaften
Institut für Sozialwissenschaften (Politikwissenschaft)
Seminar: Ideengeschichtliche Grundlagen von Staat und Politik
Sommersemester 2006

Montesquieu – „Vom Geist der Gesetze"
Die Aufteilung in drei Staatsformen

Linda Weidner
Diplom-Sozialwissenschaften
Fachsemester 3

Datum 25.07.2006

Inhaltsverzeichnis

1. Einleitung ___ 3
2. Was sind Gesetze? ___ 4
3. Die Natur der Regierungsformen und ihre Gesetze ___ 5
   3.1 Die Republik ___ 6
      3.1.1 Gesetze der demokratischen Republik ___ 6
      3.1.3 Gesetze der aristokratischen Republik ___ 7
   3.2 Die Gesetze der Monarchie ___ 8
   3.3 Die Gesetze der Despotie ___ 8
4. Prinzipien der Regierungsformen ___ 9
   4.1 Tugend – Prinzip der Demokratie ___ 9
   4.2 Mäßigung – Prinzip der Aristokratie ___ 10
   4.3 Ehre – Prinzip der Monarchie ___ 1
   4.4 Furcht – Prinzip der Despotie ___ 1
5. Fazit ___ 12

1. Einleitung

Charles Louis de Sécondat Baron de la Bréde et de Montesquieu wurde am 18.01.1689 auf Schloß de la Bréde bei Bordeaux geboren und starb am 10.02.1755 in Paris. Er gilt in der Geschichte des politischen Denkens als der weitaus bedeutendste und reinste staatsphilosophische Vertreter der Aufklärung. Er hat die Theorie John Lockes weiterentwickelt; insbesondere die Freiheits- und Gewaltenteilungslehre. Obwohl man diese Lehre ja schon bei Locke vorfand, gilt Montesquieu als *der* Klassiker der Gewaltenteilungslehre.

Sein Werk nur darauf zu beschränken, wäre jedoch eine erhebliche Verkürzung seines Denkens. In vielerlei Hinsicht gilt er als anregender Denker und war auch literarisch sehr erfolgreich. Vor allem muss seine umfassende Theorie der „gemäßigten Regierungsformen" hervorgehoben werden. In seinem Werk „De l'Esprit des Lois" (Vom Geist der Gesetze), nämlich, ist sein Haupanliegen die Gegenüberstellung von Despotie und gemäßigter Regierungsweise. Montesquieu ist hierbei der Auffassung, dass es kein überall anzuwendendes „bestes System" gibt, sonder, dass diejenigen politischen Systeme jeweils am besten sind, die *„optimal den Dispositionen eines Volkes entsprechen, für das sie geschaffen wurden" (Waschkuhn 1998: 214).*

In der anschließenden Arbeit werde ich mich hauptsächlich mit diesem Werk Montesquieus beschäftigen. Das Werk gliedert sich in 31 Bücher, die zu verschiedenen Zeiten entstanden sind. Im ersten Buch werden die Regierungsformen und ihre Prinzipien vorgestellt. Maßstab ist hier die Natur; sie ist die leitende Idee. *„Im Vorwort des Esprit des Lois schreibt Montesquieu: << Meine Grundsätze habe ich nicht meinen Vorurteilen, sondern der Natur der Dinge entnommen>>. Eine << ursprüngliche Vernunft>> hat die Natur und ihre Gesetze geschaffen" (Maier/Denzer 2001: 49).*

2. Was sind Gesetze?

„Die Gesetze des Volkes sind durch mannigfaltige natürlich, wirtschaftliche und kulturelle Vorgegebenheiten, (...), bestimmt" (Zippelius 1994: 125f). Kurz gesagt sind Gesetze nach Montesquieu Beziehungen, die sich aus der Natur der Dinge ergeben. Er geht davon aus, dass die Welt ein sinnerfüllter geistiger Zusammenhang ist, in dem eine ursprüngliche Vernunft herrscht (vgl. Schwan 1991: 208). Diese Vernunft hat nach ihm die Natur und ihre Gesetze geschaffen. Es gibt nur eine einzige Vernunft, die unwandelbar ist und alles mit allem in klare Beziehungen setzt. Gesetze sind eben diese Beziehungen, die zwischen der Vernunft und den verschiedenen Wesen bestehen, ebenso wie die Beziehungen der Wesen untereinander (vgl. Oberndörfer/Rosenzweig 2000: 279). Wenn man das zugrunde liegende Gesetz von einem Ding begreift, dann begreift man dieses Ding automatisch auch in seiner Natur. *„Die Natur der Dinge ist das Gesamt der Beziehungen (...)" (Schwan 1991: 208)*. Diese Beziehungen machen die Gesetze aus und folglich sind die Gesetze dann die Natur der Dinge.

Diese Gesetze waren schon möglich bevor es vernunftbegabte Wesen gab und noch bevor Gesetze geschaffen waren, gab es mögliche Rechtsbeziehungen. Wenn man behaupten würde es gäbe kein Recht oder Unrecht, dann würde man damit behaupten *„ehe man der ersten Kreis gezogen habe, seien die Radien nicht gleich gewesen" (Oberndörfer/Rosenzweig 2000: 280).*

Es gibt Grundsätze der Billigkeit, die älter sind als die positiven Gesetze, die sie begründeten. Zum Beispiel ist es gerecht, dass man sich in einer menschlichen Gesellschaft nach ihren Gesetzen richtet und, dass ein vernünftiges Wesen, das eine Wohltat empfangen hat, dafür dankbar ist und genauso hat ein Wesen, das einem anderen Leid zufügt, es verdient dasselbe Übel zu erfahren. Alle Wesen haben Gesetze; die Gottheit, die Menschen, Tiere Pflanzen, höhere geistige Wesen. Alle unterstehen sie solchen Gesetzen.

Es lassen sich aber zwei Welten unterscheiden, wobei die erste die physische und die zweite die vernunftbegabte Welt ist. Das physische Wesen wird von unabänderlicher Gesetzen beherrscht und gehorcht ihnen immer. Das vernunftbegabte Wesen hingegen gehorcht diesen Gesetzen, von denen sie manche selbst geschaffen haben und andere nicht,

nicht immer. Sie sind von Natur aus beschränkt und dem Irrtum unterworfen. Sie handeln aus eigenem Entschluss und verletzen daher auch oft ihre Urgesetze (die von Gott gegebenen Gesetze). Vernunftbegabte Wesen unterliegen tausend Leidenschaften. Ein solches Wesen könnte jederzeit seinen Schöpfer vergessen, doch Gott hat es durch die Gesetze der Religion zu sich zurückgerufen. Ebenso könnte es auch sich selbst vergessen, doch die Philosophen haben es durch die Sittengesetze gewarnt, und obwohl es zum Leben in Gemeinschaft geschaffen ist, kann es sogar seine Mitmenschen vergessen, doch die Gesetzgeber haben es durch staatliche und bürgerliche Gesetze zu seinen Pflichten zurückgeführt (vgl. Oberndörfer/Rosenzweig 2000: 281).

Wie müssen Gesetze geschaffen sein?

„Sie müssen dem Volk, für das sie geschaffen sind, so genau angepasst sein, dass es ein großer Zufall wäre, wenn sie auch einem anderen Volk angemessen wären" *(Oberndörfer/Rosenzweig 2000: 281).* Sie müssen der Natur und dem Prinzip der bestehenden Regierungsform, der Natur des Landes, seinem Klima, seiner Lage und Größe, der Lebensweise der Völker, sie müssen der Religion der Bewohner, ihrer Neigungen, ihrer Sitten und Gebräuche, dem Grad von Freiheit entsprechen, der sich mit der Verfassung verträgt und stehen schließlich in Beziehung zueinander. Und zwar stehen sie in Beziehung zu ihren Entstehungsgrund, dem Willen des Gesetzgebers und auch noch der Ordnung der Dinge, für die sie bestimmt sind (vgl. Oberndörfer/Rosenzweig 2000: 281).

Wie auch Montesquieu es getan hat, werde ich jetzt die Beziehungen der Gesetze zum Wesen und Prinzip der einzelnen Regierungsformen untersuchen bzw. darstellen.

3. Die Natur der Regierungsformen und ihre Gesetze

Montesquieu teilt die Regierungen gemäß ihrer Prinzipien idealtypisch in zwei Hauptkategorien ein. Zum einen ist da die Despotie und zum anderen die gemäßigten Regierungsformen. Bei letzterer unterscheidet er zwischen der Monarchie und der Republik, welche nochmals in eine demokratische und eine aristokratische unterteilt ist.

Es gibt also eigentlich drei Arten von Regierungen.
<u>Die Republikanische</u>: Das ist diejenige, in der das Volk als Ganzes (Demokratie) oder nur ein Teil des Volkes (Aristokratie) die oberste Gewalt innehat.

Die Monarchische: Regierungsform, bei der ein Einzelner nach fest bestimmten Gesetzen regiert.

Die Despotische: Hier lenkt ein Einzelner ohne Recht und Gesetze alles nach seinem Willen und seinen Launen (vgl. Oberdörfer/Rosenzweig 2000: 282).

Dies ist die Natur der einzelnen Staatsformen und aus ihr ergeben sich Gesetze, die folglich als erste Grundgesetze gelten müssen. Die Form einer Regierung hängt aber auch mit der Ländergröße zusammen. Ein kleines Staatsgebiet zum Beispiel begünstigt ein republikanisches Staatswesen, große Gebiete hingegen begünstigen ein eher energisches Regiment, also höchstwahrscheinlich eine despotische Herrschaft. So hat es z. B. in Asien mit seinem großen Reich auch immer einen Despotismus gegeben (vgl. Zippelius 1994: 127).

3.1 Die Republik
3.1.1 Die Gesetze der Demokratie

In den Mittelpunkt von Montesquieus Betrachtung rückt eindeutig die Demokratie. Nach der Natur der Demokratie hat für Montesquieu das ganze Volk die höchste, die gesetzgebende Gewalt im Staat. Es hat das Recht und die Aufgabe, die grundsätzliche Ausgestaltung des Staates und die Orientierung seiner Politik zu bestimmen. Es hat also die Aufgabe über Verfassungs- und Einzelgesetzgebung zu entscheiden. Es ist natürlich von grundlegender Bedeutung, die Zahl *der* Bürger festzulegen, welche die Volksversammlung bilden sollen, anders würde man nicht wissen ob das ganze Volk oder nur ein Teil gesprochen hat. Das Volk mit der höchsten Gewalt muss alles, was es selbst gut leisten kann, selbst tun und das andere seinen Ministern überlassen, die es selbst ernennt (vgl. Oberdörfer/Rosenzweig 2000: 282). Das Volk hat elementare Vernunftvorstellungen über Staat und Politik und nicht etwa sachhaltige Einzelkenntnis. Durch diese elementaren Einsichten und Interessen ist es dazu fähig, die Männer zu bestimmen, die die Staatsgeschäfte auf Basis seines Vernunftwillens zu führen vermögen (vgl. Schwan 1991: 212).

Die Ernennung der Minister durch das Volk selbst, ist ein Hauptgrundsatz dieser Regierungsform. *„Das Volk ist bewundernswert geschickt für die Auswahl derer, denen es eine Teil seiner Macht anvertrauen soll"(Oberdörfer/Rosenzweig 2000: 283).* Zu solch einer Auswahl ist das Volk, um dessen Schicksal es geht, besser imstande als ein isolierter Monarch, der alleine auf seinem Schloss lebt. Das Volk hat also in erster Linie die Aufgabe der Wahl der Behörden, die zur Führung der Staatgeschäfte geeignet sind. So weiß es zum Beispiel, dass ein Kriegserfahrener oder ein Mann, der oft um Erfolge gerungen hat, gut geeignet wäre und demzufolge kann es sehr gut sein, dass das Volk einen General erwählt. Ein fleißiger Richter, dem man nie Bestechlichkeit vorwerfen kann, wäre auch ein guter Kandidat für die Position eines Ministers.

Viele Bürger sind zwar fähig zu wählen, aber nicht gewählt zu werden und sind nicht zur Führung einer Verwaltung geeignet. Es ist jedoch wichtig, dass die Geschäfte in Gang bleiben und mit einer gewissen Beständigkeit betrieben werden. Das Volk ist aber meist zu schnell oder zu langsam und es kann schnell ein Chaos entstehen, deshalb wird im Volksstaat das Volk in bestimmte Klassen eingeteilt (vgl. Oberdörfer/Rosenzweig 2000: 283). *„In der Art dieser Einteilung haben sich die großen Gesetzgeber ausgezeichnet, und hiervon hängen stets Dauer und Gedeihen einer Demokratie ab" (Oberdörfer/Rosenzweig 2000: 283).*

Weitere Grundgesetze der Republik sind zum einen das Gesetz über die Einteilung der Stimmberechtigung, welches von grundlegender Bedeutung ist, und das Gesetz über die Form der Abstimmung zum anderen. In der Demokratie herrscht Abstimmung durch Los. Grundsatz der Demokratie ist auch das Gesetz, das die Art und Weise der Abgabe der Stimmzettel regelt, die in dieser Regierungsform öffentlich ist. Ein weiteres Grundgesetz ist, dass allein das Volk die Gesetze macht. Oft ist es jedoch angebracht sie erst versuchsweise zu erlassen bevor man sie endgültig einführt (vgl. Oberdörfer/Rosenzweig 2000: 284).

3.1.2 Die Gesetze der Aristokratie

Die Aristokratie wird von Montesquieu nur kurz abgetan und auch eher negativ bewertet. Die höchste Gewalt liegt hier in den Händen einer bestimmten festumrissenen Anzahl von Personen oder Familien. Sie geben die Gesetze vor und lassen sie vollziehen, das bringt aber auch *„die Gefahr der Cliquenwirtschaft und des Machtmissbrauchs gegenüber dem Volk mit sich" (Schwan 1991: 214).* Das übrige Volk steht den Herrschenden gegenüber, so wie die Untertanen ihrem Monarchen gegenüber stehen. Es gibt jedoch Vorkehrungen, die vor einem Machtmissbrauch oder dergleichen ein wenig bewahren können. Zum einen ist der jährliche Wechsel der Ämter hilfreich, da durch ihn möglichst viele Familien bzw. Personen an der Staatsführung beteiligt werden. Des Weiteren ist es für die Aristokratie umso besser, je mehr sie sich der Demokratie nähert. Eine Annäherung an die Monarchie macht sie hingegen unvollkommener. *„Die unvollkommenste ist die, worin der gehorchende Teil des Volkes als Sklaven von der herrschenden Schicht abhängt" (Oberdörfer/Rosenzweig 2000: 285).*

3.2 Die Gesetze der Monarchie

In der Monarchie herrscht der Monarch nach fest bestimmten Gesetzen. Von größter Bedeutung ist das Vorhandensein von intermediären, untergeordneten und abhängiger Gewalten. Diese Gewalten, von denen die natürlichste der Adel ist, vermitteln zwischen Monarch und Volk, es sind sozusagen verbindende Kanäle, durch welche die Macht fließen kann. Wenn nur der Wille eines einzelnen zählen würde, dann könnte es keine Regeln und auch keine Grundgesetze geben (vgl. Oberdörfer/Rosenzweig 2000: 285).

Der Adel hat eine hochrangige Position in der Monarchie, denn: *„ohne Monarch kein Adel, und ohne Adel kein Monarch. Sonst hätte man einen Despoten' (Oberdörfer/Rosenzweig 2000: 285).* Die Stände als Mittelglieder alleine genügen jedoch nicht, es muss ebenfalls einen sicheren Hort geben, der erlassene Gesetze verkündet und die in Vergessenheit geratenen wieder hervorruft.

Es besteht immer die Gefahr eines Übergangs in die Despotie, deshalb darf auf keinen Fall das Vorrecht der Geistlichkeit und des Adels abgeschafft werden.

3.3 Die Gesetze der Despotie

Hier gibt es einen alleinigen Herrscher, der nach seinen Launen und seinem eigenen Willen regiert. Es herrscht die reine Willkür. Das Volk sind die Untertanen oder auch Sklaven. Montesquieu zieht die Despotie stets als Negativbild in Abgrenzung zu den gemäßigten Regierungsformen heran. *„Die Despotie ist eine Herrschaft, die nur sich selbst und der selbst festgelegten Staatsräson verantwortlich ist. Sie ist daher eine schreckliche verabscheuungswürdige Herrschaft" (Schwan 1991: 214).*

Montesquieu beschreibt sie als eine orientalische Staatform, die zum Beispiel einen Sultan als höchsten Verwaltungsbeamten und Leiter der königlichen Politik hat. Ein solcher Herrscher, der davon überzeugt ist, er sei alles und alle anderen seien nichts, ist faul unwissend, genusssüchtig und kümmert sich nicht um wichtige Staatsgeschäfte. Wenn er die

Aufgabe jedoch mehreren übergeben würde, dann könnte es schnell zu Streitigkeiten und deswegen überträgt er sie einem Vezir, der dadurch die gleiche Macht erhält wie er selbst. Es ist ein Grundgesetz der Despotie, einen Vezir einzusetzen (vgl. Oberdörfer/Rosenzweig 2000: 286).

4. Die Prinzipien der Regierungsformen

Neben der natur der verschiedenen Regierungsformen, sind ihnen auch noch Prinzipien zugeordnet. Das Prinzip einer Regierung ist das, was sie so handeln lässt. Montesquieu versteht darunter also Grundsätze, an denen die Menschen ihr Handeln orientieren, das Prinzip liegt in den menschlichen Leidenschaften. Sobald eine Regierung aufhört nach ihren Prinzipien zu handeln, hat ihr Verfall schon eingesetzt, sie sind also lebensnotwendig. Die Gesetze müssen den Prinzipien der verschiedenen Regierungsformen genauso angepasst sein wie ihrer Natur.

Im Folgenden werde ich die Prinzipien der verschiedenen Regierungsformen aufzeigen.

4.1 Tugend – Das Prinzip der Demokratie

Triebkraft der Demokratie ist die Tugend. Sie ist erforderlich, da der, der die Gesetze vollziehen lässt, ihnen selbst unterworfen ist und ihre Last mittragen muss. Ein Monarch, der Gesetze, aus Nachlässigkeit oder schlechtem Rat, nicht mehr vollziehen lässt, kann seine Einstellung einfach so ändern, damit sie wieder vollzogen werden. Er kann also diese Übel leicht wieder gut machen. In einer Volksregierung, aber, ist der Staat verloren, wenn man aufhört Gesetze zu vollziehen.

Tugend ist etwas sehr einfaches, nämlich die Liebe zur Republik; sie ist ein einfaches Gefühl, das der geringste Mann ebenso wie der erste Mann im Staat haben kann. Ein Volk mit guten Grundsätzen hält länger daran fest und selten beginnt der Verfall bei einer solchen Gesellschaft. *„Die Vaterlandsliebe erzeugt gute Sitten, und gute Sitten führen wieder zur Vaterlandsliebe" (Oberdörfer/Rosenzweig 2000: 287).* Wenn wir unsere eigenen besonderen Neigungen nicht befriedigen können, widmen wir uns umso mehr den Bestrebungen der Allgemeinheit und unterstützen die Verfassung des Staates. Tugend bedeutet also Aktivität, Beteiligung und Bindung. Diese Vaterlandsliebe meint aber nicht nur eine gefühlsmäßig patriotische Bindung, sondern eine präzise politische Haltung. *„Sie ist Bejahung und Unterstützung der im Staate gültigen und ihm von allen Bürgern gegebenen Verfassung, also Bindung an die Demokratie als Staatsform dieses Gemeinwesens, die aus der Volkssouveränität hervorgeht"* (Schwan 1991: 215).

Tugend bedarf auch der Anerkennung und Aufrechterhaltung einer prinzipiellen Gleichheit der Bürger, die aber nur durch eine gewisse Einfachheit zu erreichen und zu erhalten ist. Die Liebe zur Republik ist also auch die Liebe zur Einfachheit und wenn jedem das gleiche Glück und dieselben Vorteile zustehen sollen, dann muss auch vorausgesetzt sein, dass alle die gleichen Freuden genießen und dieselben Hoffnungen hegen dürfen. Die Liebe zur Gleichheit führt dazu, dass der Ehrgeiz in dieser Regierungsform auf das Verlangen und das Glück beschränkt ist, dem Vaterland besser dienen zu können. Wenn der Geist der Gleichheit nun aber verloren geht und auch wenn der Gleichheitsgedanke zu streng genommen wird, dann ist die Demokratie ebenfalls verloren (vgl. Zippelius 1994: 126).

„Der Geist der Ungleichheit führt zur Aristokratie oder zur Alleinherrschaft" (Zippelius 1994: 126). Im schlimmsten Fall folgt der Übergang zum Despotismus eines einzelnen.

4.2 Mäßigung – Das Prinzip der Aristokratie

Die Aristokratie bedarf ebenfalls der Tugend, jedoch ist sie hier nicht unbedingt notwendig, da das Volk durch Gesetze in Schranken gehalten wird. Es stellt sich also eigentlich die Frage, wie die Adligen in Schranken gehalten werden sollen. Nach der Natur der Verfassung haben diejenigen, die Gesetze vollstrecken lassen, ebenso die Empfindung gegen sich selber vorzugehen und somit muss also der Adel Tugend haben (vgl. Oberdörfer/Rosenzweig 2000: 288). Durch die Vorrechte und Sonderinteressen halten die Adligen das Volk in Schranken und es genügt demzufolge das Vorhandensein von Gesetzen. Es ist ihnen zwar leicht die anderen zu zügeln, aber schwierig ist es ihnen sich selbst zu beherrschen. Ein solcher Stand kann sich durch zwei Möglichkeiten selbst Zügel anlegen;

„entweder durch hervorragende Tugend, die bewirkt, dass der Adel gewissermaßen dem ganzen Volk gleichzusetzen ist, sodass eine große Republik entsteht; oder durch weniger große Tugend, die in einer gewissen Mäßigung besteht, die die Adligen untereinander gleichstellt und für ihren Fortbestand sorgt" (vgl. Oberdörfer/Rosenzweig 2000: 289).

Die Seele der Aristokratie ist diese Mäßigung, die auf der Tugend beruht.

4.3 Ehre – Das Prinzip der Monarchie

In der Monarchie sollen mit möglichst geringem Aufwand an Tugend große Erfolge erzielt werden. Der Bestand des Staates ist unabhängig von Vaterlandsliebe, Engagement, Aufopferung eigener Neigungen, Streben nach Ruhm und es fehlt auch das Solidaritätsbewusstsein der Bürger. Anstelle dieser Tugenden sind Gesetze getreten. Fehlt der Monarchie die eine Triebkraft, so hat sie dafür eine andere und zwar die Ehre. *„Das Prinzip der Ehre besagt, dass jede Person und jeder Stand nach seinem höchstmöglichen Prestige und Vorteil strebt, sich selbst also im Grunde am nächsten steht und keine echte Bindung an die Verfassung des Staates kennt" (Schwan 1991: 216).* Ehre bedeutet Streben nach Beförderung und Auszeichnung. Dieser Ehrgeiz hat eine gute Wirkung für die Monarchie, er belebt die Regierung und kann nicht gefährlich werden, da er jederzeit unterdrück werden kann. Ehre kann zu schönsten Taten begeistern, vereint die Regierung durch die Kraft der Gesetze und führt sie so zu ihrem Ziel.

„Die Ehre setzt alle Glieder des Staatskörpers in Bewegung, die verbindet sie durch ihr Wirken, und schließlich ergibt sich, dass jeder zum Gemeinwohl beiträgt, auch wenn er glaubt, nur seine Sonderinteressen zu verfolgen. Philosophisch gesehen, ist freilich diese Ehre, die alle Glieder des Staates lenkt, eine falsche Ehre (...)" (Oberdörfer/Rosenzweig 2000: 291).

Für die Allgemeinheit ist sie aber genauso nützlich wie die wahre Ehre für die einzelnen.

4.4 Furcht – Das Prinzip der Despotie

Die Despotie bedarf der Furcht als Triebkraft; die Tugend ist unnötig und die Ehre wäre gefährlich. Leute mit starkem Selbstvertrauen sind imstande, eine Revolution auszulösen und deshalb muss jeglicher Mut durch Furcht niedergeschlagen werden und das geringste Gefühl von Ehrgeiz erstickt werden. Wenn der Fürst seinen Arm sinken lässt und nicht jederzeit die obersten Würdenträger vernichten kann, so ist alles verloren. Fehlt nur einen Augenblick lang die Triebkraft Furcht, hat das Volk keinen Beschützer mehr. Die Untertanen müssen stets in Sicherheit und der Pascha stets in Gefahr sein.

5. Fazit

Montesquieu war ein politischer Philosoph, der als erster die Trennung von Staat und Rechtssprechung forderte, sich für die Menschenrechte aussprach und die Welt und das menschliche Miteinander darin in drei Systeme eingeteilt hat. Wie oben ausführlich erklärt zählt dazu die Demokratie mit dem Prinzip Gemeinwohl, die Monarchie mit dem Prinzip Ehre und die Despotie mit dem Prinzip Angst.

Ohne ihn gäbe es nicht nur keine amerikanische Unabhängigkeiterklärung und keine Erklärung der Menschenrechte, sondern auch kein Grundgesetz.

In seinem komplexen Modell der Gewaltenteilung und der Gewaltenverschränkung thematisiert er das Gleichgewicht einer zentralen politischen Autorität. Die zentrale Regierung muss durch die Herrschaft der Gesetze und kontrollierende Gegengewalten begrenzt und kontrolliert werden. Um die Freiheit zu sichern, muss also die mächtige Zentralautorität durch Gesetze eingehegt werden. Montesquieu setzt hierbei auf Institutionen und Organisationen und vertraut nicht primär der „Tugend".

Die Mechanismen des Systems der Gewaltentrennung haben sich im Laufe der Geschichte zwar oft geändert, nichtsdestoweniger ist und bleibt es eine der Grundlagen unseres institutionellen Systems und bietet den besten Schutz vor Totalitarismus.

Literaturverzeichnis

Falk, Berthold (2001): Montesquieu (1689-1755). In: Maier, Hans/Denzer, Horst (Hg.): Klassiker des politischen Denkens 2. von Locke bis Max Weber. München.

Montesquieu, Charles de (1992): Vom Geist der Gesetze. Tübingen.

Oberndörfer, Dieter/Rosenzweig, Renate (2000): Klassische Staatsphilosophie. Texte und Einführungen von Platon bis Rousseau. München.

Schwan, Alexander (1991): Politische Theorien des Rationalismus und der Aufklärung. In: Lieber, Hans-Joachim (Hg.): Politische Theorien von der Antike bis zur Gegenwart. Bonn, S. 157-258.

Waschkuhn, Arno (1998): Demokratietheorien. Politiktheoretische und ideengeschichtliche Grundzüge. München, Wien.

Zippelius, Reinhold (1994): Geschichte der Staatsidee. München.